NeEnergy
ESSENTIALS

有些人跟我說話

最後給我評語說哇你話好少啊

但其實是因為我不想跟你說話

要是跟我喜歡的對象

我不只話多到停不下來

我還會唱歌跳舞說故事呢

現實難過的

不是為了賺錢而做討厭的工作

而是做了討厭的工作

還賺不到錢

能帶給我們快樂的東西

就是有價值的

所以不要再說雞排珍奶是垃圾食物了

它們在多少難熬的日子裡

拯救了我們的靈魂

很多人年輕時過得不怎樣

過了中年後

突然就滿口大道理

整天在教別人怎麼過好生活

小時候不太會失眠

因為趕快睡醒就可以繼續玩

長大後再累都睡不太著

因為睡醒後就要繼續工作

七夕起碼人家一年見一次面

哪像你到現在

都還不知道對象長怎樣

當有人說
我做這些都是為你好
你以後就會感謝我時

我都想說

不如你離我遠點
我現在就謝謝你

很多學生覺得開學很討人厭

那你知道當你以後上班

每天都像是開學的感覺嗎

很多時候

你看別人工作福利好像不錯
生活品質不賴
感情生活也好像很恩愛

其實只是因為你過得太慘了

從地獄裡往上看
平地都看成天堂

許多人上班

上到連自己魂在哪都不知道了

還想找什麼靈魂伴侶

後來才發現

真正感情好的兩人
都只會叫對方名字或綽號
跟別人介紹只說這我好朋友

反而那些心懷不軌的關係
才會說這我閨蜜啊兄弟啊

小時候都很怕拒絕別人
總要想些理由
像是你很好但我們不適合

長大後就知道那些都是多餘的

不愛了就說分手
覺得煩就封鎖人
不喜歡的人連客氣都懶了

告白就強迫別人一定要答應的感覺

就好像明明是爛公司

還覺得給你工作好像多大的恩賜一樣

跟一些職場新人分享

如果有人跟你說
沒關係這我來就好你去忙你的

意思就是

你別碰我的東西我怕你搞砸了
你只會越弄越糟滾邊去少來煩我

以前在學校時

總喜歡一群人一起做事的感覺

出社會後工作

一想到要跟別人一起做事就討厭

你不能決定今天發生什麼事

但你可以決定自己用什麼心情渡過

像是擺一整天臭臉

讓其他人都不敢再來找你麻煩

開心是一天

難過也是一天

那何必假裝開心

讓人以為你過得很好

然後繼續盡情地傷害你呢

人不怕單身

就怕習慣單身

當有另外一個人想進入你的世界時

你還會覺得煩

幹嘛來打擾我的生活步調

學生時看那些上班族

都覺得做人一定要有熱情

不可以像那些人一樣行屍走肉

過一天是一天

現在開始上班後

我只想當行屍

有種人就是討厭

當你說自己的慘事時

他就會說還好吧往好處想

還有更慘的啊你這不算什麼

他們說這叫正面思考

快畢業了

你再不快一點告白

對方就來不及拒絕你了

給剛畢業找工作的同學

面試時如果公司的人說

我們都是看表現調薪

代表著他們從來沒在加薪的

我人生對吃東西的道理是

如果現在很瘦
那多吃這一點東西也不會胖

如果已經很胖
那少吃這一點也不會瘦

所以吃吧

剛畢業總是開心的

你以為終於離開了一群討厭的同學

結果等著你的是更多群討厭的同事

給那些在大學時

覺得早起上課就好像快死掉的人

你以後上班後

沒有一天像活著

如果你發現以前的同學

畢業之後態度變很多

那就可以知道

他以前忍你忍得有多辛苦

從小就要知道
人與人的關係都是在幕後

下課後才知道誰是朋友
下班後才知道誰可以信任

離職後才知道你在大家眼中的評價

其實大多數人不是討厭上班

只是不喜歡工作內容跟同事而已

世界變化的很快

只有一件事不會變

就是不管法律怎麼說

還是沒有人愛你

我如果常買東西

有人就會說很浪費錢

要多存著點為未來著想

但其實如果我不買東西的話

我根本就沒有賺錢的心情啊

大多數人會早起

不是因為有夢想

只是需要賺錢而已

鍵貓用

我一直希望

我討厭的人

也能好好的討厭我

認真地遠離我

不要總是不小心看到我做的事

然後又忍不住批評嫌棄

那些讓你絕望的事

都曾給你快樂過

小時候不說話

是因為想不到話要說

長大後不說話

是覺得說了也沒有用

現在所謂的穩定工作

就是你一直有工作

但卻穩定賺不了什麼錢

年紀大了
心中的鹿也跟著老了

遇到喜歡的人

老鹿也知道不該亂撞了

就是慢慢走幾步
意思意思敲個幾下
沒反應就算了

自從新法之後

現在老闆都不敢叫員工在公司加班了

都叫你早點回家做

明天一早就要看到

這幾年我終於瞭解到

這社會不是屬於年輕人的

也不是那些掌握資源老人的

更不是所謂的當權者的

而是屬於不要臉的人

當有人發文好像很難過

而你問他怎麼了

他回說沒事

意思是沒你的事

他正在等別人安慰呢

不要自己沒朋友

就覺得現在人與人感情越來越淡了

別人感情可都好得很

上網只能帶給我們一時的快樂

如果你要感受到長久的快樂

你應該一直上網

有時候心裡覺得委屈時

可以看看你的存款

會比較好哭一點

工作多年我漸漸了解

職場上那些越懂事守規矩的人

隨著時間過去

他們會背越多黑鍋

很多人晚上明明很累

卻不肯早點睡覺

因為睡著後隔天就要上班

總覺得好像從睡覺那刻起

時間就不屬於自己的了

你把時間花在等一個不可能的人

不如花時間讀英文練數學考高分
減肥保養運動學才藝
擺地攤做網拍賺大錢

到時候那個不可能的人

就愛上別人了

努力就一定會有收穫

但很多時候不是你在收

如果有人跟你說

他就單純喜歡你的內在

這說明了

你的外在沒有什麼好喜歡的

所謂的公司聚餐

是指大家感情好一起吃飯才叫聚餐

要是感情不好

那根本就是加班啊

當一群人聚餐時
你發現有人一直幫大家端餐點
認真的吃著每道菜
然後努力的找話題要跟人聊天

那他應該是手機沒電了

很多人都希望

能夠離開現在的生活地

到沒有人認識自己的地方重新開始

好再體驗一次被討厭的過程

如果你覺得現在生活很累

不是因為你正在走上坡

而是因為生活的難度又提高了

但你還是一點都沒進步

以前人常說

家家有本難唸的經

現在不止經難唸

還有難念的學校

難繳的帳單
難找的工作
難過的生活

以前當員工時
主管常說
等你當主管後你就知道了

後來當了主管

我才知道他做得這麼差

很多人都對自己沒什麼信心
總擔心自己是不是長得不好看

要對自己有自信

你是真的不好看

遇到有長輩說

我走過的橋比你走過的路還多

就覺得他以前就是不懂裝懂

老是喜歡繞遠路

才會一直在過橋

這世界上最殘酷的就是

垃圾食物總是特別好吃

就好像很多壞人也看起來一表人才

大家也都成年人了

今天我們聊一點成人的話題

比如說你今天打算加班到幾點

分享個網路聊天的禮儀

就是敲人時不要問有沒有空

要先把事情說出來

這樣人家才能決定有沒有空

不要為了討人喜歡

就改變了自己

要好好堅持你自己原本的模樣

這樣別人才不需要改變討厭你的態度

二十歲前長相是父母給的

二十歲時長相是態度給的

之後的長相都是薪水決定的

分享一個養生小知識

就是別太常看網路上的養生知識

本來沒什麼問題

看完後都覺得自己快掛了

負能量精選語錄／鍵人（林育聖）著 -- 初版. -- 台北市：時報文化，2017.10； 面； 公分（人生顧問；281）

ISBN 978-957-13-7165-8（平裝）

1. 自我實現 2. 生活指導

177.2 106017127

作者 鍵人（林育聖）｜**插畫** Eripo｜**主編** 陳盈華｜**視覺設計** 陳文德｜**執行企劃** 黃筱涵｜**董事長・總經理** 趙政岷｜**總編輯** 余宜芳｜**出版者** 時報文化出版企業股份有限公司 10803 台北市和平西路三段 240 號 3 樓 發行專線—(02)2306-6842 讀者服務專線—0800-231-705・(02)2304-7103 讀者服務傳真—(02)2304-6858 郵撥—19344724 時報文化出版公司 信箱—台北郵政 79-99 信箱 時報悅讀網—http://www.readingtimes.com.tw｜**法律顧問** 理律法律事務所 陳長文律師、李念祖律師｜**印刷** 和楹印刷有限公司｜**初版一刷** 2017 年 10 月 6 日｜**定價** 99 元｜時報文化出版公司成立於 1975 年，並於 1999 年股票上櫃公開發行，於 2008 年脫離中時集團非屬旺中，以「尊重智慧與創意的文化事業」為信念。

2 0 1 8

N e E n e r g y

P l a n n e r

 PERSONAL MEMO

Name

Birthday

Address

Phone

Email

Year Plan 2018

JANUARY	FEBRUARY	MARCH	APRIL	MAY	JUNE
1	1	1	1	1	1
2	2	2	2	2	2
3	3	3	3	3	3
4	4	4	4	4	4
5	5	5	5	5	5
6	6	6	6	6	6
7	7	7	7	7	7
8	8	8	8	8	8
9	9	9	9	9	9
10	10	10	10	10	10
11	11	11	11	11	11
12	12	12	12	12	12
13	13	13	13	13	13
14	14	14	14	14	14
15	15	15	15	15	15
16	16	16	16	16	16
17	17	17	17	17	17
18	18	18	18	18	18
19	19	19	19	19	19
20	20	20	20	20	20
21	21	21	21	21	21
22	22	22	22	22	22
23	23	23	23	23	23
24	24	24	24	24	24
25	25	25	25	25	25
26	26	26	26	26	26
27	27	27	27	27	27
28	28	28	28	28	28
29		29	29	29	29
30		30	30	30	30
31		31		31	

JULY	AUGUST	SEPTEMBER	OCTOBER	NOVEMBER	DECEMBER
	1	1	1	1	1
	2	2	2	2	2
	3	3	3	3	3
	4	4	4	4	4
	5	5	5	5	5
	6	6	6	6	6
	7	7	7	7	7
	8	8	8	8	8
	9	9	9	9	9
	10	10	10	10	10
	11	11	11	11	11
	12	12	12	12	12
	13	13	13	13	13
	14	14	14	14	14
	15	15	15	15	15
	16	16	16	16	16
	17	17	17	17	17
	18	18	18	18	18
	19	19	19	19	19
	20	20	20	20	20
	21	21	21	21	21
	22	22	22	22	22
	23	23	23	23	23
	24	24	24	24	24
	25	25	25	25	25
	26	26	26	26	26
	27	27	27	27	27
	28	28	28	28	28
	29	29	29	29	29
	30	30	30	30	30
	31		31		31

2018

1

M	T	W	T	F	S	S
1	2	3	4	5	**6**	**7**
8	9	10	11	12	**13**	**14**
15	16	17	18	19	**20**	**21**
22	23	24	25	26	**27**	**28**
29	30	31				

2

M	T	W	T	F	S	S
			1	2	**3**	**4**
5	6	7	8	9	**10**	**11**
12	13	14	**15**	**16**	**17**	**18**
19	**20**	21	22	23	**24**	**25**
26	27	**28**				

3

M	T	W	T	F	S	S
			1	2	**3**	**4**
5	6	7	8	9	**10**	**11**
12	13	14	15	16	**17**	**18**
19	20	21	22	23	**24**	**25**
26	27	28	29	30	**31**	

4

M	T	W	T	F	S	S
						1
2	3	4	5	6	7	8
9	10	11	12	13	14	15
16	17	18	19	20	21	22
22	24	25	26	27	28	29
30						

5

M	T	W	T	F	S	S
	1	2	3	4	**5**	**6**
7	8	9	10	11	**12**	**13**
14	15	16	17	18	**19**	**20**
21	22	23	24	25	**26**	**27**
28	29	30	31			

6

M	T	W	T	F	S	S
				1	2	3
4	5	6	7	8	9	10
11	12	13	14	15	16	17
18	19	20	21	22	23	24
25	26	27	28	29	30	

7

M	T	W	T	F	S	S
						1
2	3	4	5	6	**7**	**8**
9	10	11	12	13	**14**	**15**
16	17	18	19	20	**21**	**22**
23	24	25	26	27	**28**	**29**
30	31					

8

M	T	W	T	F	S	S
	1	2	3	**4**	**5**	
6	7	8	9	10	**11**	**12**
13	14	15	16	17	**18**	**19**
20	21	22	23	24	**25**	**26**
27	28	29	30	31		

9

M	T	W	T	F	S	S
					1	**2**
3	4	5	6	7	**8**	**9**
10	11	12	13	14	**15**	**16**
17	18	19	20	21	**22**	**23**
24	25	26	27	28	**29**	**30**

10

M	T	W	T	F	S	S
1	2	3	4	5	**6**	**7**
8	9	10	11	12	**13**	**14**
15	16	17	18	19	**20**	**21**
22	23	24	25	26	**27**	**28**
29	30	31				

11

M	T	W	T	F	S	S
			1	2	**3**	**4**
5	6	7	8	9	**10**	**11**
12	13	14	15	16	**17**	**18**
19	20	21	22	23	**24**	**25**
26	27	28	29	30		

12

M	T	W	T	F	S	S
					1	**2**
3	4	5	6	7	**8**	**9**
10	11	12	13	14	**15**	**16**
17	18	19	20	21	**22**	**23**
24	25	26	27	28	**29**	**30**
31						

1月運勢

牡羊座

今年的你跟去年一樣，沒什麼特別的好運，只有仇人更多一點。

金牛座

今年的你跟去年一樣，沒什麼特別的好運，只有欠債更多一點。

雙子座

今年的你跟去年一樣，沒什麼特別的好運，只有脂肪更多一點。

巨蟹座

今年的你跟去年一樣，沒什麼特別的好運，只有爛桃花更多一點。

獅子座

今年的你跟去年一樣，沒什麼特別的好運，只有豬隊友更多一點。

處女座

今年的你跟去年一樣，沒什麼特別的好運，只有環境更髒一點。

天秤座

今年的你跟去年一樣，沒什麼特別的好運，只有跟人吵架次數更多一點。

天蠍座

今年的你跟去年一樣，沒什麼特別的好運，只有別人多煩你一點。

射手座

今年的你跟去年一樣，沒什麼特別的好運，只有感情債更多一點。

摩羯座

今年的你跟去年一樣，沒什麼特別的好運，只有存款更少一點。

水瓶座

今年的你跟去年一樣，沒什麼特別的好運，只有年紀變更老一點。

雙魚座

今年的你跟去年一樣，沒什麼特別的好運，只有現實變得更殘酷一點。

2018

1

JANUARY

Monday	Tuesday	Wednesday
1 十五 元旦	2 十六	3 十七
8 廿二	9 廿三	10 廿四
15 廿九 藥師節	16 三十	17 十二月大
22 初六	23 初七 自由日	24 初八 臘八節
29 十三	30 十四	31 十五

Thursday	Friday	Saturday	Sunday
八	5 小寒	6 二十	7 廿一
廿五 司法節	12 廿六	13 廿七	14 廿八
初二	19 初三 消防節	20 大寒	21 初五
初九	26 初十	27 十一	28 十二

1 2018

M	T	W	T	F	S	S
1	2	3	4	5	**6**	**7**
8	9	10	11	12	**13**	**14**
15	16	17	18	19	**20**	**21**
22	23	24	25	26	**27**	**28**
29	30	31				

1st week

2 2018

M	T	W	T	F	S	S
			1	2	**3**	**4**
5	6	7	8	9	**10**	**11**
12	13	14	**15**	**16**	**17**	**18**
19	**20**	21	22	23	**24**	**25**
26	27	**28**				

1 Mon	Jan.	2 Tue	3 Wed

4 Thu	5 Fri	6 Sat	7 Sun

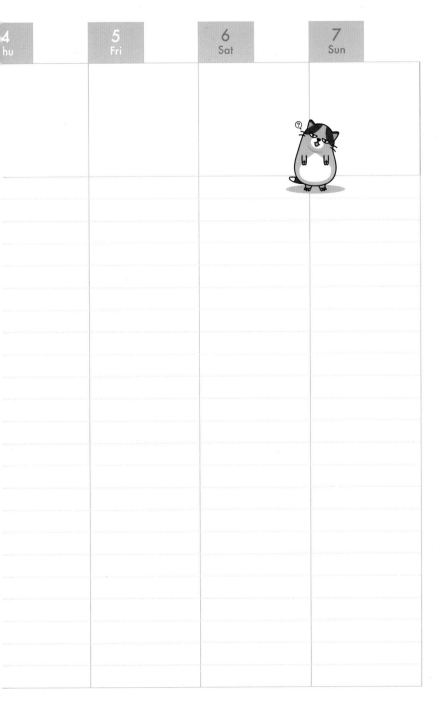

很多人前兩天跨年時

剛下定決心要對同事好一點

今天上班看到同事後

就覺得還是當壞人好了

2018 才剛過完一個禮拜

很多人就覺得可以放棄今年目標了

1 2018

M	T	W	T	F	S	S
1	2	3	4	5	6	7
8	9	10	11	12	13	14
15	16	17	18	19	20	21
22	23	24	25	26	27	28
29	30	31				

2nd week

2 2018

M	T	W	T	F	S	S
			1	2	3	4
5	6	7	8	9	10	11
12	13	14	15	16	17	18
19	20	21	22	23	24	25
26	27	28				

8 Mon	9 Tue	10 Wed

1 Thu	12 Fri	13 Sat	14 Sun

1 2018

M	T	W	T	F	S	S
1	2	3	4	5	**6**	**7**
8	9	10	11	12	**13**	**14**
15	16	17	18	19	**20**	**21**
22	23	24	25	26	**27**	**28**
29	30	31				

3rd week

2 2018

M	T	W	T	F	S	S
			1	2	**3**	**4**
5	6	7	8	9	**10**	**11**
12	13	14	**15**	**16**	17	18
19	**20**	21	22	23	**24**	25
26	27	**28**				

15 Mon	16 Tue	17 Wed

1 2018

M	T	W	T	F	S	S
1	2	3	4	5	**6**	**7**
8	9	10	11	12	**13**	**14**
15	16	17	18	19	**20**	**21**
22	23	24	25	26	**27**	**28**
29	30	31				

4th week

2 2018

M	T	W	T	F	S	S
			1	2	**3**	**4**
5	6	7	8	9	**10**	**11**
12	13	14	**15**	**16**	**17**	**18**
19	**20**	21	22	23	**24**	**25**
26	27	**28**				

22 Mon	23 Tue	24 Wed

.5 hu	26 Fri	27 Sat	28 Sun

1 2018

M	T	W	T	F	S	S
1	2	3	4	5	**6**	**7**
8	9	10	11	12	**13**	**14**
15	16	17	18	19	**20**	**21**
22	23	24	25	26	**27**	**28**
29	30	31				

5th week

2 2018

M	T	W	T	F	S	S
			1	2	**3**	**4**
5	6	7	8	9	**10**	**11**
12	13	14	**15**	**16**	**17**	**18**
19	**20**	21	22	23	**24**	**25**
26	27	**28**				

29 Mon	30 Tue	31 Wed

 月 運 勢

牡羊座

單身嗎？這個月不關你事。
有情人的多準備點錢，曖昧的千萬不要告白。

金牛座

單身嗎？這個月不關你事。
有情人的這個月不宜放閃，低調過日子比較省錢。

雙子座

單身嗎？這個月不關你事。
本月適合確定你的情人也只有你一個情人嗎？

巨蟹座

單身嗎？這個月不關你事。
有情人的這個月適合討論你們的未來，房子買了嗎？
要生幾個孩子呢？

獅子座

單身嗎？這個月不關你事。
有情人的這個月適合帶他出來放風享受自由。

處女座

單身嗎？這個月不關你事。
有情人的就別再整理房間了，亂一天吧。

天秤座

單身嗎？這個月不關你事。
有情人的適合問：我跟你媽掉進水裡你要先救哪個？

天蠍座

單身嗎？這個月不關你事。
有情人的這個月適合偷看對方的網頁瀏覽記錄。

射手座

單身嗎？這個月不關你事。
有情人的這個月適合找新情人了。

摩羯座

單身嗎？這個月不關你事。
有情人的本月適合埋頭加班好好賺錢，別去花錢了。

水瓶座

單身嗎？這個月不關你事。
有情人的醒醒吧，你沒有情人。

雙魚座

單身嗎？這個月不關你事。
有情人的適合搾乾他最後一點耐心。

2018

2

FEBRUARY

Monday	Tuesday	Wednesda
5	6	7
12	13	14
19	20	21
26	27	28

Thursday	Friday	Saturday	Sunday
	2	3	4
	9	10	11
	16	17	18
	23	24	25

1 2018

M	T	W	T	F	S	S
1	2	3	4	5	**6**	**7**
8	9	10	11	12	**13**	**14**
15	16	17	18	19	**20**	**21**
22	23	24	25	26	**27**	**28**
29	30	31				

5th week

MEMO

2 2018

M	T	W	T	F	S	S
			1	2	**3**	**4**
5	6	7	8	9	**10**	**11**
12	13	14	**15**	**16**	**17**	**18**
19	**20**	21	22	23	**24**	**25**
26	27	**28**				

1 Thu Feb.	2 Fri	3 Sat	4 Sun

2 2018

M	T	W	T	F	S	S
			1	2	**3**	**4**
5	6	7	8	9	**10**	**11**
12	13	14	**15**	**16**	**17**	**18**
19	**20**	21	22	23	**24**	**25**
26	27	**28**				

6th week

3 2018

M	T	W	T	F	S	S
			1	2	**3**	**4**
5	6	7	8	9	**10**	**11**
12	13	14	15	16	**17**	**18**
19	20	21	22	23	**24**	**25**
26	27	28	29	30	31	

5 Mon	6 Tue	7 Wed

8 Thu	9 Fri	10 Sat	11 Sun

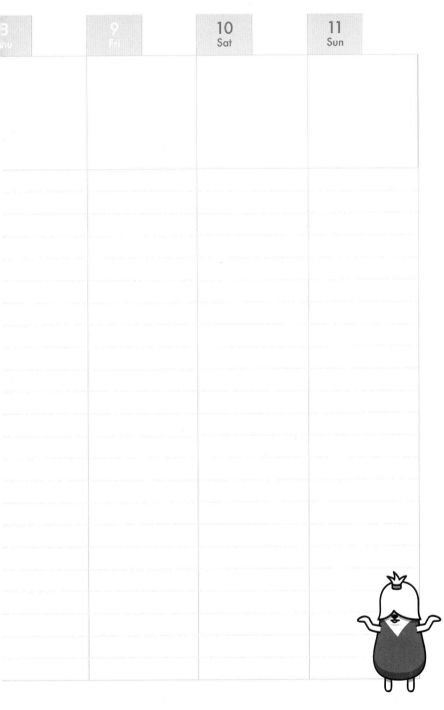

情人節怎了

大家還不是在這上班吃飯被老闆罵

只是人家下班有人安慰你沒有

長輩們常勸我們做人要說到做到

希望他們在說恭喜發財的時候

給的紅包真的能夠讓我發財

2 2018

M	T	W	T	F	S	S
			1	2	3	4
5	6	7	8	9	10	11
12	13	14	15	16	17	18
19	20	21	22	23	24	25
26	27	28				

7th week

3 2018

M	T	W	T	F	S	S
			1	2	3	4
5	6	7	8	9	10	11
12	13	14	15	16	17	18
19	20	21	22	23	24	25
26	27	28	29	30	31	

12 Mon	13 Tue	14 Wed

5 hu	16 Fri	17 Sat	18 Sun

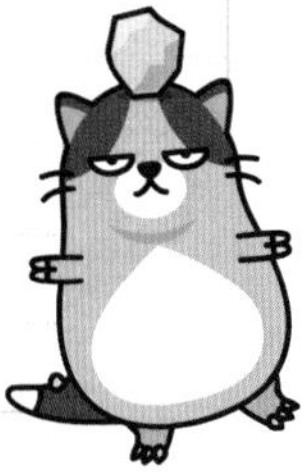

2 2018

M	T	W	T	F	S	S
			1	2	**3**	**4**
5	6	7	8	9	**10**	**11**
12	13	14	**15**	**16**	**17**	**18**
19	**20**	21	22	23	**24**	**25**
26	27	**28**				

8th week

3 2018

M	T	W	T	F	S	S
			1	2	**3**	**4**
5	6	7	8	9	**10**	**11**
12	13	14	15	16	**17**	**18**
19	20	21	22	23	**24**	**25**
26	27	28	29	30	31	

19 Mon	20 Tue	21 Wed

2 nu	23 Fri	24 Sat	25 Sun

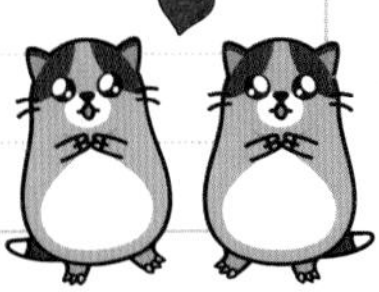

過年放了長假後

我才知道上班的意義

就是讓你少花點錢

過年前預計今年要存個三十萬

過完年離目標還差三十五萬

2 2018

M	T	W	T	F	S	S
			1	2	3	4
5	6	7	8	9	10	11
12	13	14	15	16	17	18
19	20	21	22	23	24	25
26	27	28				

9th week

3 2018

M	T	W	T	F	S	S
			1	2	3	4
5	6	7	8	9	10	11
12	13	14	15	16	17	18
19	20	21	22	23	24	25
26	27	28	29	30	31	

26 Mon	27 Tue	28 Wed

3 月運勢

牡羊座

這個月要小心小人，不過其他月份也要小心啦，還有這個月會多花錢，但其他月份也少不了。

金牛座

這個月工作沒什麼進展，其他月份也一樣。特別小心體重的上升跟荷包的縮減，因為天氣越來越熱了，肉快藏不住了。

雙子座

這個月你的桃花不多，但一直掛零的你就沒差了，而且出門要小心一點，因為外面大家都想賺你的錢。

巨蟹座

找對象了嗎？結婚了嗎？買房了嗎？生孩子了嗎？準備生第二個了嗎？小孩讀哪？退休了嗎？

獅子座

你會覺得自己這個月人緣不好，但不是你為人正直，純粹是大家比上個月更討厭你了。

處女座

這個月世界比上個月更亂了，你的生活還是整理不完，總在放棄跟堅持之中擺動的你，又不小心胖了。

天秤座

你看不慣的事越來越多，你不爽的人過得越來越爽，這個月一樣是一堆爛事，只是你的存款又少了一點。

天蠍座

這個月你討厭的人過得比你更好了，還有你懷疑的事都成真了，更重要的是，你單身的日子又多一個月了。

射手座

你這個月很忙，很累，但是沒人在乎你做什麼，所以你還是不能加薪升職，只能小小的自我滿足。

摩羯座

找不到人生目標沒關係，因為別人也找不到，擺爛時要心安理得些，因為別人也正在擺爛喔。

水瓶座

是不是又想到新計劃了呢？你去年的計劃還沒做呢。是不是又想放棄了呢？你上個月也這麼說呢。

雙魚座

你就該活在童話故事裡，只不過是童話裡的壞人。你應該過更好的生活，起碼不要再每天吃泡麵了。

2018

3

MARCH

Monday	Tuesday	Wednesda
5 驚蟄	6 十九	7 二十 全國客家日
12 廿五 植樹節	13 廿六	14 廿七 白色情人節
19 初三	20 初四 郵政節	21 春分 氣象節
26 初十 廣播電視節	27 十一	28 十二

Thursday	Friday	Saturday	Sunday
四	2 十五 元宵節	3 十六	4 十七
一 婦女節	9 廿二	10 廿三	11 廿四
廿八	16 廿九	17 二月大 國醫節	18 初二 土地公生
初六	23 初七	24 初八	25 初九 美術節
十三 青年節	30 十四	31 十五	

2 2018

M	T	W	T	F	S	S
			1	2	**3**	**4**
5	6	7	8	9	**10**	**11**
12	13	14	**15**	**16**	**17**	**18**
19	**20**	21	22	23	**24**	**25**
26	27	**28**				

9th week

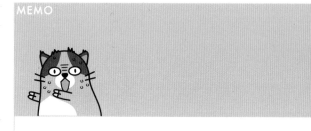

MEMO

3 2018

M	T	W	T	F	S	S
			1	2	**3**	**4**
5	6	7	8	9	**10**	**11**
12	13	14	15	16	**17**	**18**
19	20	21	22	23	**24**	**25**
26	27	28	29	30	31	

| 1 Thu | Mar. | 2 Fri | 3 Sat | 4 Sun |

3 2018

M	T	W	T	F	S	S
			1	2	3	4
5	6	7	8	9	10	11
12	13	14	15	16	17	18
19	20	21	22	23	24	25
26	27	28	29	30	31	

10th week

4 2018

M	T	W	T	F	S	S
						1
2	3	4	5	6	7	8
9	10	11	12	13	14	15
16	17	18	19	20	21	22
22	24	25	26	27	28	29
30						

5 Mon	6 Tue	7 Wed

8 hu	9 Fri	10 Sat	11 Sun

很多人不滿意工作

但過完年還沒離職的原因

單純是因為懶而已

白色情人節

是一個月前有收到巧克力的人

才需要煩惱的日子

你跟人家湊什麼熱鬧呢

3 2018

M	T	W	T	F	S	S
			1	2	**3**	**4**
5	6	7	8	9	**10**	**11**
12	13	14	15	16	**17**	**18**
19	20	21	22	23	**24**	**25**
26	27	28	29	30	31	

11st week

4 2018

M	T	W	T	F	S	S
						1
2	3	4	5	6	7	8
9	10	11	12	13	14	15
16	17	18	19	20	21	22
22	24	25	26	27	28	29
30						

12 Mon	13 Tue	14 Wed

3 2018

M	T	W	T	F	S	S
			1	2	**3**	**4**
5	6	7	8	9	**10**	**11**
12	13	14	15	16	**17**	**18**
19	20	21	22	23	**24**	**25**
26	27	28	29	30	31	

12nd week

4 2018

M	T	W	T	F	S	S
						1
2	3	4	5	6	7	8
9	10	11	12	13	14	15
16	17	18	19	20	21	22
22	24	25	26	27	28	29
30						

19 Mon	20 Tue	21 Wed

22 Thu	23 Fri	24 Sat	25 Sun

3 2018

M	T	W	T	F	S	S
			1	2	3	**4**
5	6	7	8	9	10	**11**
12	13	14	15	16	17	**18**
19	20	21	22	23	24	**25**
26	27	28	29	30	31	

13rd week

4 2018

M	T	W	T	F	S	S
						1
2	3	4	5	6	7	8
9	10	11	12	13	14	15
16	17	18	19	20	21	22
22	24	25	26	27	28	29
30

26 Mon	27 Tue	28 Wed

29 Thu	30 Fri	31 Sat	MEMO

4月運勢

牡羊座

小心這個月，你將面臨重大的考驗，包括是不是還有錢過完這一個月，還有你的情人是不是還能再忍受你一個月。

金牛座

這個月你要小心了，你的感情面臨重大挑戰，有人虎視眈眈地想介入你們，像是工作、帳單、還有夢想。

雙子座

你不是這個月特慌張呢？因為天氣熱了，但身材還沒有瘦下來，你冬天累積的小肚肚就要出來見人了。

巨蟹座

這個月你的家庭要特別小心，一定有人會心情不好，也有人遇到小人，更有人會不小心就花錢了！

獅子座

這個月你會跟朋友吵架，反正你們也不是第一次吵了，反正你也不需要朋友，就管他的。

處女座

這個月有人會一直來挑戰你的理智，包括把你整理好的桌子弄亂、把你的零食櫃亂吃一通，以及把你的心情弄亂。

天秤座

平凡的一個月，因為沒人想找你，也沒有人騙你，然後你太窮了也沒人想賺你的錢。

天蠍座

你是不是常覺得身邊的人都在騙你？恭喜你，你答對了。因為他們都騙你自己過得很差，但其實他們都過得很好。

射手座

身邊現在的對象不適合你，因為他太好了，如果你分手了就找不到下一個了，所以好好珍惜吧。

摩羯座

這個月要特別注意自己的財運，可能越來越差了，原本只是沒錢，之後會變負債！

水瓶座

你的感情一直不太持久，因為他們一下子就看膩你了，你的錢一直存不太久，因為太少了。

雙魚座

你還在童話故事裡，結局還沒到，你還在吃苦。

	Monday	Tuesday	Wednesda
2018 # 4 APRIL	2 十七 社工日	3 十八	4 十九 兒童節 
	9 廿四	10 廿五	11 廿六
	16 三月小	17 初二	18 初三
	23 初八	24 初九	25 初十
	30 十五		

Thursday	Friday	Saturday	Sunday
			1 十六　愚人節、復活節
十　清明	6 廿一	7 廿二　衛生節	8 廿三
廿七	13 廿八	14 廿九	15 三十
初四	20 穀雨	21 初六	22 初七　世界地球日
十一	27 十二	28 十三	29 十四

3 2018

M	T	W	T	F	S	S
			1	2	**3**	**4**
5	6	7	8	9	**10**	**11**
12	13	14	15	16	**17**	**18**
19	20	21	22	23	**24**	**25**
26	27	28	29	30	31	

13rd week

4 2018

M	T	W	T	F	S	S
						1
2	3	4	5	6	7	8
9	10	11	12	13	14	15
16	17	18	19	20	21	22
22	24	25	26	27	28	29
30						

MEMO

1
Sun

Apr.

4 2018

M	T	W	T	F	S	S
						1
2	3	4	5	6	7	8
9	10	11	12	13	14	15
16	17	18	19	20	21	22
22	24	25	26	27	28	29
30						

14th week

5 2018

M	T	W	T	F	S	S
	1	2	3	4	5	6
7	8	9	10	11	12	13
14	15	16	17	18	19	20
21	22	23	24	25	26	27
28	29	30	31			

2 Mon	3 Tue	4 Wed

以前人的自信

靠父母和朋友的支持

現在人的自信

靠修圖和網友的加持

很多人以為
自己放很多天假會做很多有意義的事
才發現自己這幾天過得跟平常一樣

事實上才不一樣呢

你不是吃得比平常更多了嗎

4 2018

M	T	W	T	F	S	S
						1
2	3	4	5	6	7	8
9	10	11	12	13	14	15
16	17	18	19	20	21	22
22	24	25	26	27	28	29
30						

15th week

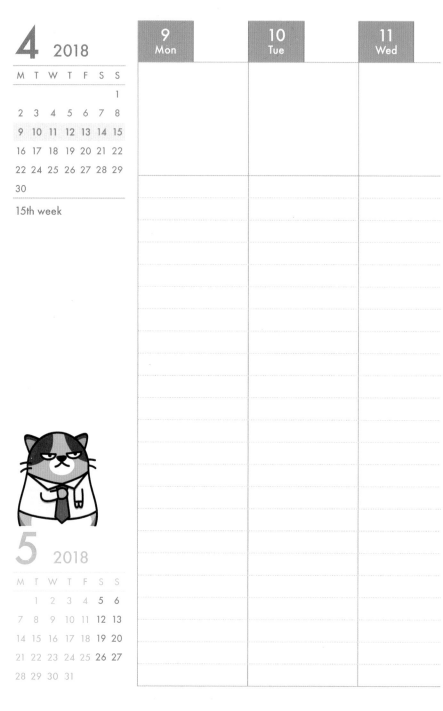

5 2018

M	T	W	T	F	S	S
	1	2	3	4	5	6
7	8	9	10	11	12	13
14	15	16	17	18	19	20
21	22	23	24	25	26	27
28	29	30	31			

9 Mon	10 Tue	11 Wed

2 Thu	13 Fri	14 Sat	15 Sun

4 2018

M	T	W	T	F	S	S
						1
2	3	4	5	6	7	8
9	10	11	12	13	14	15
16	17	18	19	20	21	22
22	24	25	26	27	28	29
30						

16th week

5 2018

M	T	W	T	F	S	S
	1	2	3	4	5	6
7	8	9	10	11	12	13
14	15	16	17	18	19	20
21	22	23	24	25	26	27
28	29	30	31			

16 Mon	17 Tue	18 Wed

9
hu

20
Fri

21
Sat

22
Sun

4 2018

M	T	W	T	F	S	S
						1
2	3	4	5	6	7	8
9	10	11	12	13	14	15
16	17	18	19	20	21	22
22	24	25	26	27	28	29
30						

17th week

5 2018

M	T	W	T	F	S	S
	1	2	3	4	5	6
7	8	9	10	11	12	13
14	15	16	17	18	19	20
21	22	23	24	25	26	27
28	29	30	31			

23 Mon	24 Tue	25 Wed

26 Thu	27 Fri	28 Sat	29 Sun

4 2018

M	T	W	T	F	S	S
						1
2	3	4	5	6	7	8
9	10	11	12	13	14	15
16	17	18	19	20	21	22
22	24	25	26	27	28	29
30						

18th week

5 2018

M	T	W	T	F	S	S
	1	2	3	4	5	6
7	8	9	10	11	12	13
14	15	16	17	18	19	20
21	22	23	24	25	26	27
28	29	30	31			

30
Mon

MEMO

5 月 運 勢

牡羊座

工作最近不太順利，終於瞭解到這份工作不適合你，因為薪水太高了，領起來心虛。

金牛座

這個月是你的重大考驗，因為荷包準備要大失血了，薪水沒領多少，稅倒是付了不少。

雙子座

雖然沒什麼在注意工作，但工作一直在注意你，這個月你的績效小心點，老闆已經知道你的小技倆了。

巨蟹座

如果你覺得現在待的地方對你太差，可以試試換地方，然後你就會知道，其實是自己太差了。

獅子座

你在工作上表現一直很不錯，顯得別人做得很差，這個月被扯後腿的機率變高了。

處女座

對於工作可有可無，反正薪水少到可有可無，每天不出亂子就好了，薪水定時發就好，又是和平的一個月。

天秤座

這份工作讓你看不到未來嗎？那你何不看看過去呢？都撐這麼久了，還賴在這邊幹嘛呢。

天蠍座

你的同事總是表現的比你好，一定是老闆偏心看你不爽，這個月爛攤子特別多，怎麼可能表現好呢。

射手座

你的心思原本就沒在工作上，這個月工作再重也跟你沒關係，反正有同事在，你負責想好理由就好。

摩羯座

相忍為公司吧，最近公司營運不是很順利，所以你忍著點，等以後公司賺錢一定加倍還你。

水瓶座

準備吃土的一個月，雖然之前也吃得差不多了，但這個月的土連水都買不起了，只能吃沙了。

雙魚座

準備好賣你的童話城堡了嗎？還是你終於知道不工作就沒錢賺，水池是不會跑出食物的。

2018

5

MAY

Monday	Tuesday	Wednesday
	1 十六 勞動節	2 十七
7 廿二	8 廿三 媽祖生	9 廿四
14 廿九	15 四月大 兒童安全日	16 初二
21 小滿	22 初八 浴佛節	23 初九
28 十四	29 十五	30 十六

Thursday	Friday	Saturday	Sunday
八	4 十九 文藝節・牙醫師節	5 立夏 舞蹈節	6 廿一
廿五	11 廿六	12 廿七 國際護士節	13 廿八 母親節
初三	18 初四	19 初五	20 初六
初十	25 十一	26 十二	27 十三
十七			

4 2018

M	T	W	T	F	S	S
						1
2	3	4	5	6	7	8
9	10	11	12	13	14	15
16	17	18	19	20	21	22
22	24	25	26	27	28	29
30

18th week

MEMO

1 Tue	May	2 Wed

5 2018

M	T	W	T	F	S	S
	1	2	3	4	5	6
7	8	9	10	11	12	13
14	15	16	17	18	19	20
21	22	23	24	25	26	27
28	29	30	31

5 2018

M	T	W	T	F	S	S
	1	2	3	4	**5**	**6**
7	8	9	10	11	**12**	**13**
14	15	16	17	18	**19**	**20**
21	22	23	24	25	**26**	**27**
28	29	30	31			

19th week

6 2018

M	T	W	T	F	S	S
				1	2	3
4	5	6	7	8	9	10
11	12	13	14	15	16	17
18	19	20	21	22	23	24
25	26	27	28	29	30	

7
Mon

8
Tue

9
Wed

0
ıu

11
Fri

12
Sat

13
Sun

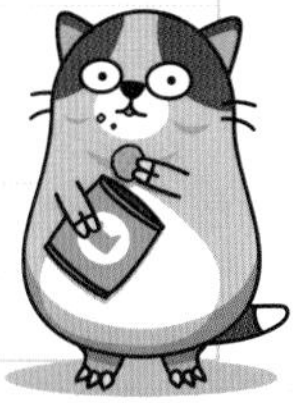

工作幾年

從朋友的問候就可以感受到自己老了

以前是你工作狀況還好嗎

然後是你收入狀況還好嗎

現在是問你身體狀況還好嗎

許多人喜歡小題大作
對真正的大事卻不在乎

像是告白失敗明明是小事
卻很難過

但考試被當是大事
卻一點都不在乎

5 2018

M	T	W	T	F	S	S
	1	2	3	4	**5**	**6**
7	8	9	10	11	**12**	**13**
14	15	16	17	18	**19**	**20**
21	22	23	24	25	**26**	**27**
28	29	30	31			

20th week

6 2018

M	T	W	T	F	S	S
				1	2	3
4	5	6	7	8	9	10
11	12	13	14	15	16	17
18	19	20	21	22	23	24
25	26	27	28	29	30	

14 Mon	15 Tue	16 Wed

17 Thu	18 Fri	19 Sat	20 Sun

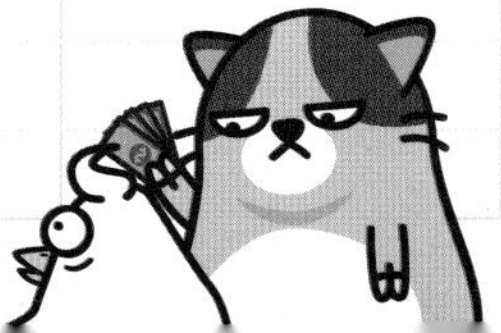

5 2018

M	T	W	T	F	S	S
	1	2	3	4	**5**	**6**
7	8	9	10	11	**12**	**13**
14	15	16	17	18	**19**	**20**
21	22	23	24	25	**26**	**27**
28	29	30	31			

21st week

6 2018

M	T	W	T	F	S	S
				1	2	3
4	5	6	7	8	9	10
11	12	13	14	15	16	17
18	19	20	21	22	23	24
25	26	27	28	29	30	

21 Mon	22 Tue	23 Wed

5 2018

M	T	W	T	F	S	S
	1	2	3	4	**5**	**6**
7	8	9	10	11	**12**	**13**
14	15	16	17	18	**19**	**20**
21	22	23	24	25	**26**	**27**
28	29	30	31			

22nd week

6 2018

M	T	W	T	F	S	S
				1	2	3
4	5	6	7	8	9	10
11	12	13	14	15	16	17
18	19	20	21	22	23	24
25	26	27	28	29	30	

28
Mon

29
Tue

30
Wed

6 月運勢

牡羊座

天氣越來越熱的一個月，你的耐心也越來越少，什麼東西都可以惹怒你，什麼東西都看不順眼。

金牛座

溫度再高也沒有債務高，現在沒有空理什麼感情了，抓緊時間工作賺錢吧。

雙子座

這麼熱的天氣，連談戀愛都覺得好累，還是搞搞曖昧就好了，畢竟最近有點拮据，請不起別人吃飯了。

巨蟹座

冷氣房是你最喜歡的家，開始尋找好吃的冰店，約會也一定要晚上才可以，因為白天要上班啊。

獅子座

這天氣讓你的怒火翻升一倍，周圍的人都不敢靠近你，但天知道你只是需要一杯冰涼的飲料就可以消火了。

處女座

心靜自然涼個屁，打掃房間也流汗，洗個床單也流汗，冷氣太貴不敢開，這夏天非常難熬。

天秤座

有些火不是火，是天氣太熱才會這麼火，遇到煩惱時記得坐在冷氣房想想，等等要吃什麼？

天蠍座

不是情人的妒火，也不是老闆的怒火，讓你每天都這麼火，不過就是熱了點，一碗冰總能解決的。

射手座

太陽這麼大，就別出去跑了，待在家裡或辦公室裡吧，順便還一下之前沒做的工作債、人情債。

摩羯座

這天氣太難忍耐了，不如就徹底爆炸吧，那些煩人的朋友與工作，全都拋開吧，下個月再回來付帳單就好。

水瓶座

這個月是你衝刺的時候，趁著大家事情都做不好，就輪到你表現了，加油，記得開冷氣。

雙魚座

知道童話世界裡沒有冷氣有多辛苦了吧，而且冷氣要吃電的喔，童話故事可是沒有電的，冰雪奇緣還沒輪到你演呢。

	Monday	Tuesday	Wednesda
2018 # 6 JUNE	4 廿一	5 廿二 環境日	6 芒種 工程師節・水
	11 廿八	12 廿九	13 三十
	18 初五 端午節	19 初六	20 初七
	25 十二	26 十三	27 十四

Thursday	Friday	Saturday	Sunday
	1 十八	2 十九	3 二十
四	8 廿五	9 廿六	10 廿七
五月小	15 初二 警察節	16 初三	17 初四
夏至	22 初九	23 初十	24 十一
十五	29 十六	30 十七 會計師節	

5 2018

M	T	W	T	F	S	S
	1	2	3	4	**5**	**6**
7	8	9	10	11	**12**	**13**
14	15	16	17	18	**19**	**20**
21	·22	23	24	25	**26**	**27**
28	29	30	31			

22nd week

MEMO

6 2018

M	T	W	T	F	S	S
				1	**2**	**3**
4	5	6	7	8	9	10
11	12	13	14	15	16	17
18	19	20	21	22	23	24
25	26	27	28	29	30	

	1 Fri	Jun.	2 Sat	3 Sun

6 2018

M	T	W	T	F	S	S
				1	2	3
4	5	6	7	8	9	10
11	12	13	14	15	16	17
18	19	20	21	22	23	24
25	26	27	28	29	30	

23rd week

4 Mon	5 Tue	6 Wed

7 2018

M	T	W	T	F	S	S
						1
2	3	4	5	6	7	8
9	10	11	12	13	14	15
16	17	18	19	20	21	22
23	24	25	26	27	28	29
30	31					

分享一個溫暖的事實

每一個你暗戀的人

都在等你告白

才能正式的拒絕你喔

當你說話一直冷場

不是你不好笑

而是代表這裡沒有你的朋友

6 2018

M	T	W	T	F	S	S
				1	2	3
4	5	6	7	8	9	10
11	12	13	14	15	16	17
18	19	20	21	22	23	24
25	26	27	28	29	30	

24th week

7 2018

M	T	W	T	F	S	S
						1
2	3	4	5	6	7	8
9	10	11	12	13	14	15
16	17	18	19	20	21	22
23	24	25	26	27	28	29
30	31					

11 Mon	12 Tue	13 Wed

4 hu	15 Fri	16 Sat	17 Sun

6 2018

M	T	W	T	F	S	S
				1	2	3
4	5	6	7	8	9	10
11	12	13	14	15	16	17
18	19	20	21	22	23	24
25	26	27	28	29	30	

25th week

7 2018

M	T	W	T	F	S	S
						1
2	3	4	5	6	7	8
9	10	11	12	13	14	15
16	17	18	19	20	21	22
23	24	25	26	27	28	29
30	31					

18 Mon	19 Tue	20 Wed

6 2018

M	T	W	T	F	S	S
				1	2	3
4	5	6	7	8	9	10
11	12	13	14	15	16	17
18	19	20	21	22	23	24
25	26	27	28	29	30	

26th week

7 2018

M	T	W	T	F	S	S
						1
2	3	4	5	6	7	8
9	10	11	12	13	14	15
16	17	18	19	20	21	22
23	24	25	26	27	28	29
30	31					

25 Mon	26 Tue	27 Wed

8
ıu

29
Fri

30
Sat

MEMO

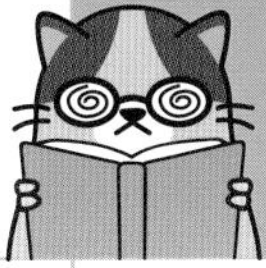

7月運勢

牡羊座

別羨慕那些放暑假的學生，他們也羨慕你，看似自由的掌握自己人生，其實全無方向可言。

金牛座

看著別人放假，雖然與你無關，但你忍不住想著，現在放假這麼開心，以後你就知道傷心了。

雙子座

七月是你最討厭的季節，因為太多的活動太多的歡樂，但你卻只能困在辦公桌前，悶悶的刷著別人的笑容。

巨蟹座

本月諸事不宜，還是待在家最合宜，路上都是煩人的青春與汗水，與你一身老靈魂沒有相關。

獅子座

火上加油已經不足以形容這個月，只能說不要讓你離開有冷氣的地方，否則一團火球就要從口中噴出了。

處女座

這個月心情煩的時候，不要整理房間了，換整理冰箱吧，會比較爽快一些，把冰棒排整齊的感覺好多了。

天秤座

有人說時間是公平的，但其實溫度才是公平的，不管你是誰，你都會被熱到暈過去。

天蠍座

這個月少跟別人接觸，因為火在燒，旁人容易被遷怒，還是躲進自己的小角落，滑滑手機最快樂。

射手座

這個月適合出國走走，順便避暑。有錢出國沒錢上山，都市太熱不適合我們了。

摩羯座

你所期待的事這個月都會落空，因為沒有人想要在大熱天做事，所以還是自己動手吧。

水瓶座

本月你戀愛運大旺，適合趁熱告白追求，但要小心拿捏距離，就已經很熱了，太近反而讓人煩心。

雙魚座

沒有王子騎著白馬來，只有火龍在你身邊一直噴火，逼得你考慮是不是要脫下那身熱得要死的童話衣服。

2018

7

JULY

Monday	Tuesday	Wednesda
2	3	4
9	10	11
16	17	18
23	24	25
30	31	

Thursday	Friday	Saturday	Sunday
			1
	6	7	8
	13	14	15
	20	21	22
	27	28	29

6 2018

M	T	W	T	F	S	S
				1	2	3
4	5	6	7	8	9	10
11	12	13	14	15	16	17
18	19	20	21	22	23	24
25	26	27	28	29	30	

26th week

7 2018

M	T	W	T	F	S	S
						1
2	3	4	5	6	7	8
9	10	11	12	13	14	15
16	17	18	19	20	21	22
23	24	25	26	27	28	29
30	31					

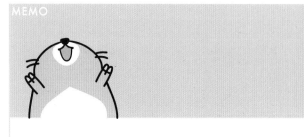

MEMO

7 2018

M	T	W	T	F	S	S
						1
2	3	4	5	6	7	8
9	10	11	12	13	14	15
16	17	18	19	20	21	22
23	24	25	26	27	28	29
30	31					

27th week

8 2018

M	T	W	T	F	S	S
		1	2	3	4	5
6	7	8	9	10	11	12
13	14	15	16	17	18	19
20	21	22	23	24	25	26
27	28	29	30	31		

2 Mon	3 Tue	4 Wed

7 2018

M	T	W	T	F	S	S
						1
2	3	4	5	6	7	8
9	10	11	12	13	14	15
16	17	18	19	20	21	22
23	24	25	26	27	28	29
30	31					

28th week

8 2018

M	T	W	T	F	S	S
		1	2	3	4	5
6	7	8	9	10	11	12
13	14	15	16	17	18	19
20	21	22	23	24	25	26
27	28	29	30	31		

9 Mon	10 Tue	11 Wed

2 Thu	13 Fri	14 Sat	15 Sun

現在人基本上都是手機不離身的

所以那些說自己沒收到你訊息

或剛好沒接到你電話的

你該知道他其實不想理你

我最討厭別人浪費我的時間了

畢竟我自己浪費都不夠了

7 2018

M	T	W	T	F	S	S
						1
2	3	4	5	6	7	8
9	10	11	12	13	14	15
16	17	18	19	20	21	22
23	24	25	26	27	28	29
30	31					

29th week

8 2018

M	T	W	T	F	S	S
		1	2	3	4	5
6	7	8	9	10	11	12
13	14	15	16	17	18	19
20	21	22	23	24	25	26
27	28	29	30	31		

16 Mon	17 Tue	18 Wed

9 Thu	20 Fri	21 Sat	22 Sun

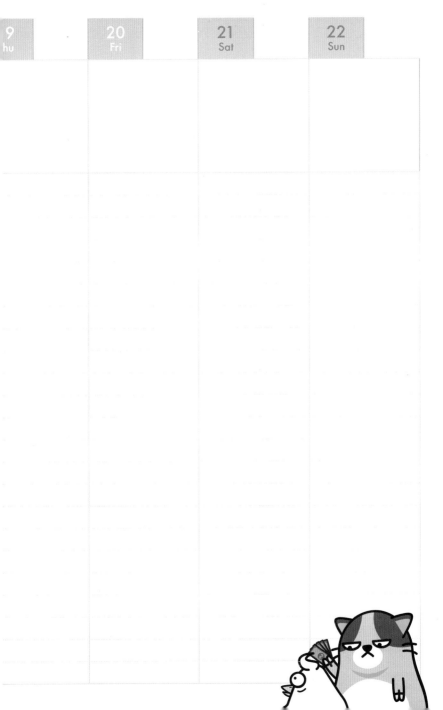

7 2018

M	T	W	T	F	S	S
						1
2	3	4	5	6	7	8
9	10	11	12	13	14	15
16	17	18	19	20	21	22
23	24	25	26	27	28	29
30	31					

30th week

8 2018

M	T	W	T	F	S	S
		1	2	3	4	5
6	7	8	9	10	11	12
13	14	15	16	17	18	19
20	21	22	23	24	25	26
27	28	29	30	31		

23 Mon	24 Tue	25 Wed

6 ın	27 Fri	28 Sat	29 Sun

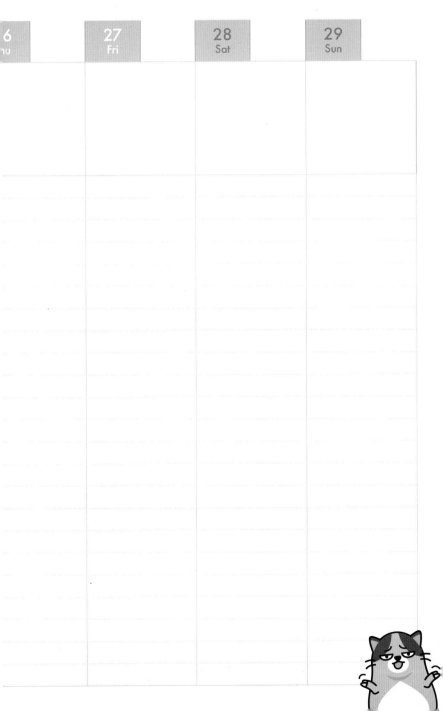

7 2018

M	T	W	T	F	S	S
						1
2	3	4	5	6	7	8
9	10	11	12	13	14	15
16	17	18	19	20	21	22
23	24	25	26	27	28	29
30	31					

31st week

8 2018

M	T	W	T	F	S	S
		1	2	3	4	5
6	7	8	9	10	11	12
13	14	15	16	17	18	19
20	21	22	23	24	25	26
27	28	29	30	31		

30 Mon

31 Tue

MEMO

月 運 勢

牡羊座

這個月要小心別太衝動,因為別人也很衝動,財運會稍低一些,不過大抵上會順利度過。

金牛座

本月讓人非常煩躁,一堆要花錢的節日,全天下的節日都不是慶祝用的,而是叫你花錢的,這就是你討厭節日的原因。

雙子座

事事不順利,一定是鬼門開的關係吧,天天不開心,一定是因為情人節的關係吧,沒一件好事,一定是因為太熱的原因吧。

巨蟹座

開始懷疑跟他能走多久?他的工作穩定嗎?他的薪水夠付房貸嗎?天氣熱就容易想多點,還是趁夏天減肥好了。

獅子座

一點都不在意情人節的你,更在意父親節要送什麼,但心裡還是有一點小期待,不知道這個月他的業績如何?

處女座

事情都回到正軌上了,偶爾的小出錯已經無法影響你了,畢竟情人節要到了,又是考驗真心的時候,這一次他過得了考驗嗎?

天秤座

不要抱太高的期望，否則失望也會越高，本月除了情人節外，還有更重要的：父親節。

天蠍座

情人節送禮物記得多買幾個方案，然後不要太苛責對方的禮物，重點是心意，所以要看他花多少錢。

射手座

又是大失血的季節，禮物要買好多份，要送好多人，為什麼牛郎織女一年見一次，我卻要天天見呢？

摩羯座

這麼熱的天氣過什麼七夕情人節，還是辦個冷氣節好了，吹冷氣半價不是很好嗎，要送禮物記得送吃的。

水瓶座

有時候對自己的行動沒什麼自信，其實只要吃飽就會有力量了，太衝動時記得吃冰。

雙魚座

看不見未來的故事，都是心中的煩心事，因為天氣這麼熱，什麼事都不想做了。

	Monday	Tuesday	Wednesda
2018			1 二十 原住民族紀念日
8	6 廿五	7 廿六	8 廿七 父親節
AUGUST	13 初三	14 初四 空軍節	15 初五
	20 初十	21 十一	22 十二
	27 十七	28 十八	29 十九

Thursday	Friday	Saturday	Sunday
	3 廿二	4 廿三	5 廿四
八	10 廿九	11 七月大 鬼門開	12 初二
初六	17 初七 七夕情人節 	18 初八	19 初九
處暑	24 十四	25 十五 中元節	26 十六 祖父母節
二十	31 廿一		

7 2018

M	T	W	T	F	S	S
						1
2	3	4	5	6	7	8
9	10	11	12	13	14	15
16	17	18	19	20	21	22
23	24	25	26	27	28	29
30	31					

31st week

MEMO

1
Wed

Au

8 2018

M	T	W	T	F	S	S
		1	2	3	4	5
6	7	8	9	10	11	12
13	14	15	16	17	18	19
20	21	22	23	24	25	26
27	28	29	30	31		

2 u

3 Fri

4 Sat

5 Sun

8 2018

M	T	W	T	F	S	S
		1	2	3	4	5
6	7	8	9	10	11	12
13	14	15	16	17	18	19
20	21	22	23	24	25	26
27	28	29	30	31		

32nd week

9 2018

M	T	W	T	F	S	S
					1	2
3	4	5	6	7	8	9
10	11	12	13	14	15	16
17	18	19	20	21	22	23
24	25	26	27	28	29	30

6 Mon	7 Tue	8 Wed

8 2018

M	T	W	T	F	S	S
		1	2	3	4	5
6	7	8	9	10	11	12
13	14	15	16	17	18	19
20	21	22	23	24	25	26
27	28	29	30	31		

33rd week

13 Mon	14 Tue	15 Wed

9 2018

M	T	W	T	F	S	S
					1	2
3	4	5	6	7	8	9
10	11	12	13	14	15	16
17	18	19	20	21	22	23
24	25	26	27	28	29	30

我們都喜歡這三種食物

別人剛開的餅乾

家人切好的水果

情人手上的飲料

被主管交付任務時

要多想想主管目的是什麼

應該是想要搞死你

8 2018

M	T	W	T	F	S	S
		1	2	3	4	5
6	7	8	9	10	11	12
13	14	15	16	17	18	19
20	21	22	23	24	25	26
27	28	29	30	31		

34th week

9 2018

M	T	W	T	F	S	S
					1	2
3	4	5	6	7	8	9
10	11	12	13	14	15	16
17	18	19	20	21	22	23
24	25	26	27	28	29	30

20 Mon	21 Tue	22 Wed

3	24 Fri	25 Sat	26 Sun

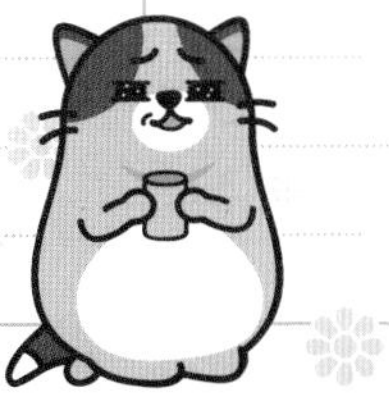

8 2018

M	T	W	T	F	S	S
		1	2	3	4	5
6	7	8	9	10	11	12
13	14	15	16	17	18	19
20	21	22	23	24	25	26
27	28	29	30	31		

35th week

9 2018

M	T	W	T	F	S	S
					1	2
3	4	5	6	7	8	9
10	11	12	13	14	15	16
17	18	19	20	21	22	23
24	25	26	27	28	29	30

27 Mon	28 Tue	29 Wed

0
ıu

31
Fri

MEMO

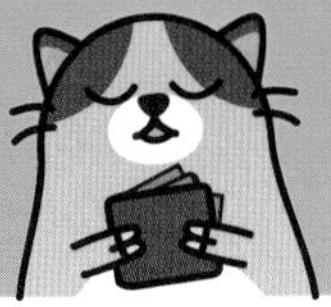

9 月 運 勢

牡羊座

熬過了八月,九月還會遠嗎?這不就來了嗎?要離職的趁現在,不然就要年底了喔。

金牛座

記得去年說好要存到第一桶金的,現在怎麼變成負債一桶金呢?是不是該恢復單身比較好存錢呢?

雙子座

這個月突然失去人生目標,雖然原本的目標也不怎樣樣,但沒有目標總讓人徬徨。不然設個新目標好了,比如練習不說話三分鐘?

巨蟹座

很多人說你愛家,但你其實愛的不是家,是一份安全感,這個月是安全感滿出來的月份,好好做點自己喜歡的事吧。

獅子座

你不喜歡工作,但工作很喜歡你,是時候讓自己逃離工作一會兒了,這樣你才有力氣面對下半年的工作。

處女座

沒什麼事可以影響你的心情,除了上個月的信用卡帳單,還有貓咪打翻的水杯之外,其他一切正常。

天秤座

是不是覺得愛情從來沒敲過門呢？這個月要特別注意了，愛情還是不會來，所以別亂開門。

天蠍座

很多事是勉強不來的，像是要他一定要替你吃完剩下的飯，或替你付上個月的帳單，真的太勉強人了，要收斂一點脾氣。

射手座

這個月對工作特別有興趣，當別人在工作時你突然很想指導他，當別人開會時你忍不住也想去開，這個月是適合證明自己，不適合工作的機會。

摩羯座

突然很想談戀愛，但也只能想想，走出戶外或許可以碰到一些機會，但也不要太期待，時機到了就會來臨，先把自己打理好吧。

水瓶座

有一股想逃出現在生活的感覺，但可惜沒有錢哪裡都去不了，這個月認真賺錢，月底給自己來個小旅行吧。

雙魚座

你的王子不會來，你跟公主也沒未來，放棄你的浪漫想像，迎接真實人生吧。

	Monday	Tuesday	Wednesda
2018			
9 SEPTEMBER	3 廿四　軍人節	4 廿五	5 廿六
	10 八月小	11 初二	12 初三
	17 初八	18 初九	19 初十
	24 十五　中秋節	25 十六	26 十七

Thursday	Friday	Saturday	Sunday
		1 廿二　記者節	2 廿三
二	7 廿八	8 白露	9 三十　鬼門關
初四	14 初五	15 初六	16 初七
一	21 十二　國家防災日	22 十三	23 秋分
八	28 十九　教師節	29 二十	30 廿一

8 2018

M	T	W	T	F	S	S
		1	2	3	4	5
6	7	8	9	10	11	12
13	14	15	16	17	18	19
20	21	22	23	24	25	26
27	28	29	30	31		

35th week

MEMO

9 2018

M	T	W	T	F	S	S
					1	2
3	4	5	6	7	8	9
10	11	12	13	14	15	16
17	18	19	20	21	22	23
24	25	26	27	28	29	30

	1 Sat	Sep.	2 Sun

9 2018

M	T	W	T	F	S	S
					1	2
3	4	5	6	7	8	9
10	11	12	13	14	15	16
17	18	19	20	21	22	23
24	25	26	27	28	29	30

36th week

10 2018

M	T	W	T	F	S	S
1	2	3	4	5	6	7
8	9	10	11	12	13	14
15	16	17	18	19	20	21
22	23	24	25	26	27	28
29	30	31				

3 Mon	4 Tue	5 Wed

6 Thu	7 Fri	8 Sat	9 Sun

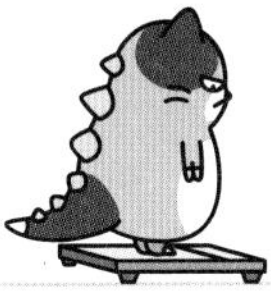

9 2018

M	T	W	T	F	S	S
					1	2
3	4	5	6	7	**8**	**9**
10	11	12	13	14	**15**	**16**
17	18	19	20	21	**22**	**23**
24	25	26	27	28	**29**	**30**

37th week

10 2018

M	T	W	T	F	S	S
1	2	3	4	5	6	7
8	9	10	11	12	13	14
15	16	17	18	19	20	21
22	23	24	25	26	27	28
29	30	31				

10 Mon	11 Tue	12 Wed

分享個同理心的好觀念

當你跟你討厭的人說話時

他也很痛苦喔

聽說很多闖空門的大多是熟人

那我就放心了

我跟誰都不熟

9 2018

M	T	W	T	F	S	S
					1	2
3	4	5	6	7	8	9
10	11	12	13	14	15	16
17	18	19	20	21	22	23
24	25	26	27	28	29	30

38th week

10 2018

M	T	W	T	F	S	S
1	2	3	4	5	6	7
8	9	10	11	12	13	14
15	16	17	18	19	20	21
22	23	24	25	26	27	28
29	30	31				

17 Mon	18 Tue	19 Wed

0 nu	21 Fri	22 Sat	23 Sun

9 2018

M	T	W	T	F	S	S
					1	2
3	4	5	6	7	8	9
10	11	12	13	14	15	16
17	18	19	20	21	22	23
24	25	26	27	28	29	30

39th week

10 2018

M	T	W	T	F	S	S
1	2	3	4	5	6	7
8	9	10	11	12	13	14
15	16	17	18	19	20	21
22	23	24	25	26	27	28
29	30	31				

24 Mon	25 Tue	26 Wed

10月運勢

牡羊座

這個月的思考速度下降不少，容易做出錯誤的判斷，像是買了後悔的商品，喜歡上錯的人，建議做事前多想想，自己的錢夠嗎？

金牛座

一直沒什麼戀愛運的你，這個月突然變人氣王，大家都想找你出去，但你懷疑他們只是要你請客而已，為什麼會被發現你加薪了呢？

雙子座

心中期待一百件事，總算有一件事成真了，開心的你可以開始準備期待一千件事，這樣下次就有十件事成真了喔。

巨蟹座

突然有點不想待在家裡，這個月適合一個人走走，像是自己去便利商店，或是去看電影，好像也是不錯的選擇。

獅子座

嘗試對他人溫柔，卻被覺得是不是生病了，偶爾示弱一下，別人就會騎到你頭上喔。

處女座

不想整理房間的一個月，最大限度是掛在椅子上的衣服居然超過三件了！還有廚房的碗居然會明天才洗，偶爾發懶一下吧。

天秤座

這個月特別多不公平的事在你眼前出現,像是明明吃一樣東西,但你卻胖比較多,明明一起出去玩,為什麼別人笑得比較開心?

天蠍座

突然大方了起來,覺得好像也沒有那麼愛對方了,也開始對自己大方一些,才發現原來幫自己買東西是這麼有趣的事,偶爾忽略別人的目光還蠻開心的。

射手座

回歸本性的你最開心了,自由才是你最想要的生活,不被工作捆綁也不被情人限制,好好享受這個月的自由,記得要把錢帶好。

摩羯座

這個月意外的事特別多,老闆突然誇獎你、朋友突然請你吃飯、情人莫名的對你好,讓你懷疑他們是不是串通好的,但其實只是你這個月比較可愛而已啦。

水瓶座

想不到生活有什麼目標,每次堅持都沒有結果,突然還是很想放棄,反正一直以來也是這麼走過來的,金錢運上升一些。

雙魚座

終於看到你的王子出現,可惜你不是公主,期待許久的劇情總在隔壁上演,讓人再次心碎。

	Monday	Tuesday	Wednesday
2018 **10** OCTOBER	1 廿二	2 廿三	3 廿四
	8 寒露	9 九月大	10 初二 國慶日
	15 初七	16 初八	17 初九 重陽節
	22 十四	23 霜降	24 十六
	29 廿一	30 廿二	31 廿三 萬聖節

Thursday	Friday	Saturday	Sunday
五	5 廿六	6 廿七	7 廿八
初三	12 初四	13 初五	14 初六
初十	19 十一	20 十二	21 十三
十七	26 十八	27 十九	28 二十

10 2018

M	T	W	T	F	S	S
1	2	3	4	5	6	7
8	9	10	11	12	13	14
15	16	17	18	19	20	21
22	23	24	25	26	27	28
29	30	31				

40th week

11 2018

M	T	W	T	F	S	S
			1	2	3	4
5	6	7	8	9	10	11
12	13	14	15	16	17	18
19	20	21	22	23	24	25
26	27	28	29	30		

1 Mon	Oct.	2 Tue	3 Wed

10 2018

M	T	W	T	F	S	S
1	2	3	4	5	6	7
8	9	10	11	12	13	14
15	16	17	18	19	20	21
22	23	24	25	26	27	28
29	30	31				

41st week

8 Mon	9 Tue	10 Wed

11 2018

M	T	W	T	F	S	S
			1	2	3	4
5	6	7	8	9	10	11
12	13	14	15	16	17	18
19	20	21	22	23	24	25
26	27	28	29	30		

1 Thu	12 Fri	13 Sat	14 Sun

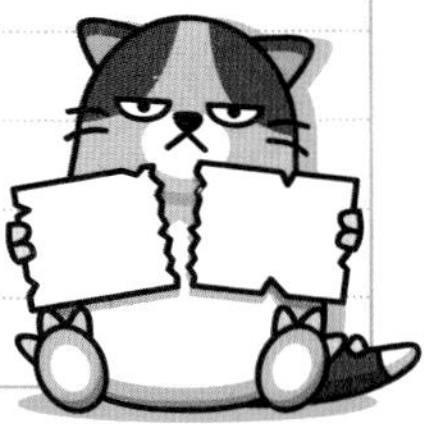

工欲善其事必先利其器

所以要運動前

要先買好運動鞋運動褲運動手環
找到朋友陪你一起報名好健身房
到健身房後先在鏡子前拍照打卡

就可以回家了

很常有人說話一針見血

但是在我身上沒用

我這麼胖起碼要十針

10 2018

M	T	W	T	F	S	S
1	2	3	4	5	6	7
8	9	10	11	12	13	14
15	16	17	18	19	20	21
22	23	24	25	26	27	28
29	30	31				

42nd week

11 2018

M	T	W	T	F	S	S
			1	2	3	4
5	6	7	8	9	10	11
12	13	14	15	16	17	18
19	20	21	22	23	24	25
26	27	28	29	30		

15 Mon	16 Tue	17 Wed

8 Thu	19 Fri	20 Sat	21 Sun

10 2018

M	T	W	T	F	S	S
1	2	3	4	5	6	7
8	9	10	11	12	13	14
15	16	17	18	19	20	21
22	23	24	25	26	27	28
29	30	31				

43rd week

11 2018

M	T	W	T	F	S	S
			1	2	3	4
5	6	7	8	9	10	11
12	13	14	15	16	17	18
19	20	21	22	23	24	25
26	27	28	29	30		

22 Mon	23 Tue	24 Wed

25 Thu	26 Fri	27 Sat	28 Sun

10 2018

M	T	W	T	F	S	S
1	2	3	4	5	6	7
8	9	10	11	12	13	14
15	16	17	18	19	20	21
22	23	24	25	26	27	28
29	30	31				

44th week

11 2018

M	T	W	T	F	S	S
			1	2	3	4
5	6	7	8	9	10	11
12	13	14	15	16	17	18
19	20	21	22	23	24	25
26	27	28	29	30		

29 Mon	30 Tue	31 Wed

11 月運勢

牡羊座

進入你討厭的季節了，比起熱的感覺，這種溫暖反而讓人無法舒服，是凡事都提不起勁的一個月。

金牛座

這個月財運特別好，是適合認真賺錢的月份，所有可以做的工作、可以加的班都盡情去做吧，工作運非常棒。

雙子座

戀愛運上升的月份，但是財運很差，用錢買到的感情還是感情嗎？那要看你有多少錢了。

巨蟹座

對自己的能力感到迷惑，總想著自己能做到嗎？自己可以嗎？別太擔心了，你做不到的。

獅子座

工作一直失誤，讓你覺得很煩心，只好用力責怪別人來逃避心中的罪惡感了。金錢運下降，有浪費錢的感覺。

處女座

這個月容易找到志同道合的朋友，多參加點聚會試試。

天秤座

天氣很好，你心情不好；天氣不好，你心情也不好，證明你的心情跟天氣沒關係，純粹這個月特別不爽而已。

天蠍座

或許想像中的愛情永遠不會降臨，所以只好親手實現了，這個月情人突然懂你的用心。

射手座

終於發現自己沒什麼魅力，以前都是自作多情而已，於是這個月賣力賺錢，增加魅力。

摩羯座

外面玩膩了想回家了，才發覺家不讓你回，心流浪一陣子想定下來了。

水瓶座

這個月找到了有趣的東西，堅持了好一陣子，對於回報已經放棄了，還是當下過得開心就好。

雙魚座

終於瞭解人生不是童話故事，還是把握每一個現實的人吧。

2018

11

NOVEMBER

Monday	Tuesday	Wednesday
5 廿八	6 廿九	7 立冬
12 初五 醫師節	13 初六	14 初七
19 十二	20 十三	21 十四
26 十九	27 二十	28 廿一

Thursday	Friday	Saturday	Sunday
商人節	2 廿五	3 廿六	4 廿七
小	9 初二	10	11 初四
	16	17	18
雪 感恩節	23 十六	24 十七	25 十八
	30 廿三		

10 2018

M	T	W	T	F	S	S
1	2	3	4	5	6	7
8	9	10	11	12	13	14
15	16	17	18	19	20	21
22	23	24	25	26	27	28
29	30	31				

44th week

MEMO

11 2018

M	T	W	T	F	S	S
			1	2	3	4
5	6	7	8	9	10	11
12	13	14	15	16	17	18
19	20	21	22	23	24	25
26	27	28	29	30		

1 Thu	Nov. 2 Fri	3 Sat	4 Sun

11 2018

M	T	W	T	F	S	S
			1	2	3	4
5	6	7	8	9	10	11
12	13	14	15	16	17	18
19	20	21	22	23	24	25
26	27	28	29	30		

45th week

12 2018

M	T	W	T	F	S	S
					1	2
3	4	5	6	7	8	9
10	11	12	13	14	15	16
17	18	19	20	21	22	23
24	25	26	27	28	29	30
31						

5 Mon	6 Tue	7 Wed

8
hu

9
Fri

10
Sat

11
Sun

11 2018

M	T	W	T	F	S	S
			1	2	**3**	**4**
5	6	7	8	9	**10**	**11**
12	13	14	15	16	**17**	**18**
19	20	21	22	23	**24**	**25**
26	27	28	29	30		

46th week

12 2018

M	T	W	T	F	S	S
					1	2
3	4	5	6	7	8	9
10	11	12	13	14	15	16
17	18	19	20	21	22	23
24	25	26	27	28	29	30
31						

12 Mon	13 Tue	14 Wed

5 hu	16 Fri	17 Sat	18 Sun

夢想就像天上的星星

永遠都在那邊

但是一點屁用都沒有

為什麼上班時間看其他東西

因為給的薪水不夠讓人專心

11 2018

M	T	W	T	F	S	S
			1	2	3	4
5	6	7	8	9	10	11
12	13	14	15	16	17	18
19	20	21	22	23	24	25
26	27	28	29	30		

47th week

12 2018

M	T	W	T	F	S	S
					1	2
3	4	5	6	7	8	9
10	11	12	13	14	15	16
17	18	19	20	21	22	23
24	25	26	27	28	29	30
31						

19 Mon	20 Tue	21 Wed

11 2018

M	T	W	T	F	S	S
			1	2	3	4
5	6	7	8	9	10	11
12	13	14	15	16	17	18
19	20	21	22	23	24	25
26	27	28	29	30		

48th week

12 2018

M	T	W	T	F	S	S
					1	2
3	4	5	6	7	8	9
10	11	12	13	14	15	16
17	18	19	20	21	22	23
24	25	26	27	28	29	30
31						

26 Mon	27 Tue	28 Wed

9
nu

30
Fri

MEMO

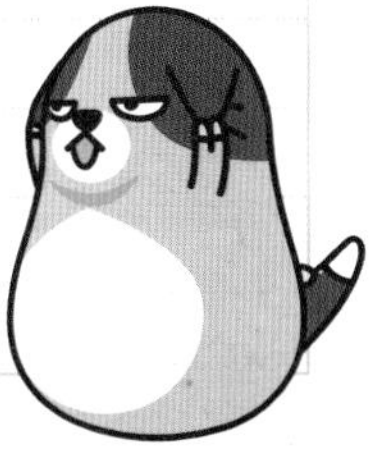

12 月 運 勢

牡羊座

一年終於過到底了，回頭一望，是不是發現自己一點改變都沒有呢？其實有的，就是你老了一歲。

金牛座

終於撐過這一年了，看一看今年的存款，居然比年初還少了一點。

雙子座

到了年底，依然一事無成，別擔心，明年繼續保持，之後你就會習慣了。

巨蟹座

到了年底突然發現，我當初幹嘛買這本週曆呢？

獅子座

終於過完一年，才忍住不撕爛這本週曆，想想也是挺有趣的，只好燒了它。

處女座

維持了一整年的乾淨，發覺跟去年一樣，這就是幸福吧。

天秤座

這個月沒什麼好說的，都剩下最後一個月了，你還期待運勢會有什麼改變嗎。

天蠍座

撐到年底，終於決定放棄改變別人了，但也懶得改變自己。

射手座

想想自己這一年來過著怎樣的生活，就對自己的求生意志感到佩服呢。

摩羯座

總是心想，這週曆怎麼還在我桌上，但還是捨不得丟掉，畢竟是花錢買的啊。

水瓶座

這運勢能看到最後一個月已經是很厲害的堅持了，才發覺不看也沒什麼差。

雙魚座

經過了一年，終於證實沒有童話故事的存在，只好明年再確認一次了。

	Monday	Tuesday	Wednesd...
2018			
12 DECEMBER	3 廿六	4 廿七	5 廿八
	10 初四	11 初五	12 初六
	17 十一	18 十二	19 十三
	24 十八	25 十九 耶誕節 	26 二十
	31 廿五		

Thursday	Friday	Saturday	Sunday
		1 廿四	2 廿五
1.	7 十一月大 大雪	8 初二	9 初三
1七	14 初八	15 初九	16 初十
一四	21 十五	22 冬至	23 十七
一 建築師節	28 廿二 電信節	29 廿三	30 廿四

11 2018

M	T	W	T	F	S	S
			1	2	3	4
5	6	7	8	9	10	11
12	13	14	15	16	17	18
19	20	21	22	23	24	25
26	27	28	29	30		

48th week

MEMO

12 2018

M	T	W	T	F	S	S
					1	2
3	4	5	6	7	8	9
10	11	12	13	14	15	16
17	18	19	20	21	22	23
24	25	26	27	28	29	30
31						

	1 Sat	Dec.	2 Sun

12 2018

M	T	W	T	F	S	S
					1	2
3	4	5	6	7	8	9
10	11	12	13	14	15	16
17	18	19	20	21	22	23
24	25	26	27	28	29	30
31						

49th week

1 2019

M	T	W	T	F	S	S
	1	2	3	4	5	6
7	8	9	10	11	12	13
14	15	16	17	18	19	20
21	22	23	24	25	26	27
28	29	30	31			

3 Mon	4 Tue	5 Wed

12 2018

M	T	W	T	F	S	S
					1	2
3	4	5	6	7	8	9
10	11	12	13	14	15	16
17	18	19	20	21	22	23
24	25	26	27	28	29	30
31						

50th week

1 2019

M	T	W	T	F	S	S
	1	2	3	4	5	6
7	8	9	10	11	12	13
14	15	16	17	18	19	20
21	22	23	24	25	26	27
28	29	30	31			

10 Mon	11 Tue	12 Wed

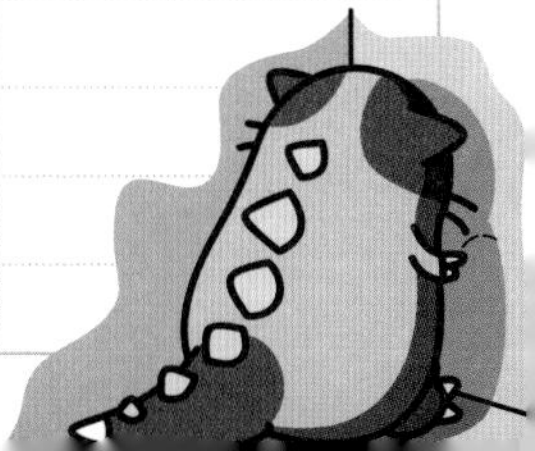

已經到了今年最後一個月了

只要再堅持一下

你就可以再次完成一事無成的一年喔

最可怕的不是

比你厲害的人比你還努力

而是別人沒努力一樣比你厲害

12 2018

M	T	W	T	F	S	S
					1	2
3	4	5	6	7	8	9
10	11	12	13	14	15	16
17	18	19	20	21	22	23
24	25	26	27	28	29	30
31						

51st week

1 2019

M	T	W	T	F	S	S
	1	2	3	4	5	6
7	8	9	10	11	12	13
14	15	16	17	18	19	20
21	22	23	24	25	26	27
28	29	30	31			

17 Mon	18 Tue	19 Wed

20 Thu	21 Fri	22 Sat	23 Sun

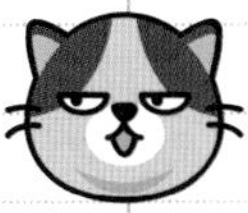

12 2018

M	T	W	T	F	S	S
					1	2
3	4	5	6	7	8	9
10	11	12	13	14	15	16
17	18	19	20	21	22	23
24	25	26	27	28	29	30
31						

52nd week

1 2019

M	T	W	T	F	S	S
	1	2	3	4	5	6
7	8	9	10	11	12	13
14	15	16	17	18	19	20
21	22	23	24	25	26	27
28	29	30	31			

24 Mon	25 Tue	26 Wed

27 Thu	28 Fri	29 Sat	30 Sun

12 2018

M	T	W	T	F	S	S
					1	2
3	4	5	6	7	8	9
10	11	12	13	14	15	16
17	18	19	20	21	22	23
24	25	26	27	28	29	30
31						

1st week

1 2019

M	T	W	T	F	S	S
	1	2	3	4	5	6
7	8	9	10	11	12	13
14	15	16	17	18	19	20
21	22	23	24	25	26	27
28	29	30	31			

31 Mon

1 Tue Jan.

2 Wed

3 nu	4 Fri	5 Sat	6 Sun

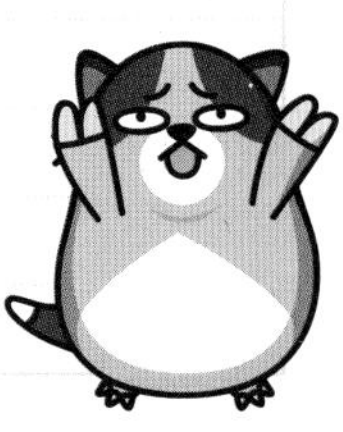

2018 最後負能量

NeEnergy 2018: May the G-bye Power Be With You

作者　鍵人（林育聖）｜**插畫**　Eripo｜**主編**　陳盈華｜**視覺設計**　陳文德｜**執行企劃**　黃筱涵｜**董事長・總經理**　趙政岷｜**總編輯**　余宜芳｜**出版者**　時報文化出版企業股份有限公司　10803 台北市和平西路三段 240 號 3 樓　發行專線—(02)2306-6842　讀者服務專線—0800-231-705・(02)2304-7103　讀者服務傳真—(02)2304-6858　郵撥—19344724 時報文化出版公司　信箱—台北郵政 79-99 信箱　時報悅讀網—http://www.readingtimes.com.tw｜**法律顧問**　理律法律事務所　陳長文律師、李念祖律師｜**印刷**　和楹印刷有限公司｜**初版一刷**　2017 年 10 月 6 日｜**定價**　399 元（缺頁或破損的書，請寄回更換）｜時報文化出版公司成立於 1975 年，並於 1999 年股票上櫃公開發行，於 2008 年脫離中時集團非屬旺中，以「尊重智慧與創意的文化事業」為信念。